LE

BONNET ROUGE

PAR RABAN.

❊

Tome quatrième.

❊

PARIS.

AUG. RORET, LIBRAIRE-ÉDITEUR,

RUE DES POITEVINS, N. 3.

1834

LE

BONNET ROUGE.

LE
BONNET ROUGE

PAR RABAN.

❋

Tome quatrième.

❋

PARIS.

AUG. RORET, LIBRAIRE-ÉDITEUR,

RUE DES POITEVINS, N. 3.

•

1834

LE
BONNET ROUGE.

I.

Jugement. — Condamnation.

Un long temps s'était écoulé; à la république avait succédé l'empire, et à
l'empire la restauration. Simon avait
traversé ces diverses phases sans que

sa haine pour la société fût diminuée;
il avait constamment foulé aux pieds
les convenances sociales et méprisé les
lois humaines : où cela l'avait-il conduit? . . . .

. . . .

C'était en 1820, à Paris, au Palais-
de-Justice, dans l'étroite enceinte où
siége le tribunal de police correction-
nelle.

— Chapeau bas, messieurs! cria
l'huissier; voici le tribunal.

Au même instant, trois hommes
en robes noires vinrent prendre place
devant une longue table recouverte
d'une serge verte, parsemée de taches

d'encre. Un jeune substitut du procureur du roi monta sur une petite estrade en forme de chaire, sur le devant de laquelle il déposa une main de papier à écolier transformée en réquisitoire, et l'accusé fut introduit.

— Comment vous nommez-vous? demanda le président.

— Simon, répondit l'accusé.

— N'avez-vous pas un autre nom?

—Non : est-ce qu'il est défendu de s'appeler Simon?

— C'est donc là votre nom de famille?

— Il ne s'agit pas de ma famille, mais de moi.

— Quelle est votre profession?

— J'en eus une pendant quelque temps; je mourais de faim en l'exerçant, je l'ai abandonnée.

— Quels sont donc vos moyens d'existence?

— Je vole.

— Et vous osez vous en vanter!...

— Je ne me vante point; je réponds à vos questions, et j'y réponds avec franchise, parce que j'ai horreur du mensonge.

— Vous êtes accusé d'une foule de vols : il paraît que vous ne songez pas à vous justifier?

— Je ne veux pas l'essayer ; nous ne parlons pas la même langue.

— Vous vous exprimez cependant avec facilité.

— Que voulez-vous que je vous dise?... n'êtes-vous pas persuadé qu'il est juste et raisonnable que les trois quarts des habitans de cette planète n'aient pas de quoi manger, et que l'autre quart regorge de richesses?... J'ai eu faim, et j'ai pris de quoi manger chez ces hommes qui paient un cheval deux cents louis, nourrissent des meutes nombreuses et laissent périr de misère une foule d'hommes dégénérés qui vont tendant la main; j'ai eu soif, et j'ai pris de quoi l'étancher chez ceux qui s'enivrent chaque jour de vins choisis; j'étais nu, et j'ai pris de quoi me vêtir chez ceux qui se croiraient les gens du monde le plus à plaindre s'il leur fallait porter le même habit pendant trois mois. Tous ces gens-là trouvèrent mauvais qu'un pauvre diable comme moi s'avisât de satisfaire, sans plus de façon, aux besoins que lui avait donnés la nature; ils dirent que ce que j'avais pris leur appartenait; je les priai de me montrer le testament de notre père Adam qui les favorisait si fort et me dépouillait de ma part, ils répondirent en criant au voleur, et je fus arrêté.

—Simon, le tribunal voit avec peine

l'usage déplorable que vous faites de votre esprit : il est impossible qu'un homme comme vous n'ait pas trouvé souvent les moyens de vivre honorablement, et pourtant tout annonce que depuis long-temps vous vous faites un jeu du crime.

—Vous êtes dans l'erreur, monsieur le président : il ne suffit pas d'avoir de l'esprit pour vivre ; l'esprit maintenant court les rues, et la sottise va en carrosse... Mais nous ne sommes pas ici pour faire de la morale : dépêchez-vous de m'expédier, je vous prie ; car mon temps ne commencera à courir que du moment où vous aurez prononcé.

— N'avez-vous point d'avocat? dit encore le président.

— Eh! qu'en ai-je besoin? voulez-vous qu'un pauvre diable qui ne peut se procurer un supplément de pain s'avise d'acheter une marchandise aussi chère et aussi creuse que l'éloquence?

A ces mots le barreau fit entendre un léger murmure. Le ministère public, prenant la parole, prouva longuement qu'il n'est pas permis aux gens qui meurent de faim de prendre le pain d'autrui sans en avoir obtenu la permission; les juges trouvèrent que M. le substitut parlait comme un homme qui en fait son état, et, pour faire le leur, ils condamnèrent l'accusé à cinq ans de prison.

— Merci, dit Simon lorsque le president eut prononcé l'arrêt, merci de la promptitude avec laquelle vous m'avez expédié... Cinq ans, c'est un peu long; mais vous avez fait votre métier, et je tâcherai de faire le mien.

A ces mots le condamné se tourna vers les gendarmes qui l'accompagnaient, et il sortit avec eux de la salle d'audience, sans avoir l'air de s'apercevoir de l'étonnement qu'avaient causé les singulières réponses qu'il avait faites aux questions du président.

Quelques heures après, Simon fut

reconduit à la Force, d'où il avait été
extrait le matin. En entrant dans l'obs-
cure réduit que, depuis plusieurs mois,
il occupait de compagnie avec une
douzaine d'autres prévenus de vols,
assassinats, etc., etc., il aperçut parmi
ces derniers un personnage qu'il n'a-
vait pas encore vu : c'était un jeune
homme de dix-huit à vingt ans, d'une
physionomie douce et distinguée; sa
contenance était embarrassée; il n'o-
sait parler à personne, et semblait
craindre qu'on lui adressât la parole;
les gestes et le rire ignobles de ses
compagnons le faisaient frissonner;
les propos infâmes que ces misérables échangeaient faisaient monter le
sang à son visage, et une vive rou-

geur couvrait son front large et haut.

— Silence! s'écria Simon en jetant
un regard terrible sur les rieurs : quel
avantage trouvez-vous donc à passer
pour les animaux les plus immondes
du globe?

— Ah! ah! dit l'un des plus hideux
du groupe, voilà le savant revenu...
c'est beau la science, mais il paraît
que ça n'empêche pas d'être *planqué*...

— Tais-toi, sale brute, tais-toi! si
tu ne veux que mon bras fasse rentrer
tes dégoûtantes paroles jusqu'au fond
de tes entrailles de fange!...

— Tais-toi, Gibou, dit un autre; tu
vois bien qu'il est de mauvaise humeur

le camarade... y paraît qu'on lui a lâ-
ché le maximum, et tu sens bien qu' y
a de quoi être *vesqué!*

On se tut, car plus d'une fois Simon
avait exercé son bras nerveux sur ces
êtres dégradés qui n'avaient conservé
de l'homme que le nom, et ces hôtes
dégoûtans savaient par expérience
qu'on ne gagnait rien de bon à lui ré-
sister. Alors Simon s'approcha du jeune
homme dont nous venons de parler
et lui dit : « — Ne craignez rien : tant
que je serai ici on respectera votre
jeunesse. »

— Je m'estime fort heuueux, monsieur, de rencontrer ici un homme de
bien qui...

— Ça n'est pas ça, enfant!... homme de bien... c'est un beau titre si vous voulez, mais ça ne me va pas : mon nom est Simon, et ma profession voleur.

— Quoi, monsieur!... vous...

— C'est comme j'ai l'honneur de vous le dire ; j'ai adopté cette profession par suite de considérations particulières auxquelles ce qu'on appelle *les honnêtes gens* ne comprennent rien, et dont par conséquent il est inutile que je vous fasse part; car je lis sur votre physionomie que vous avez le malheur d'être honnête homme. Il suffit que vous sachiez que, lorsque je ne mange pas le pain du roi, je mange celui de ses sujets, c'est-à-dire que lorsque je ne suis pas en prison, je prends mon nécessaire sur le superflu d'autrui, chose toute simple et toute naturelle à mon avis; mais cet avis n'est pas celui de tout le monde, et particulièrement de ce qu'on appelle la justice; voilà justement pourquoi j'ai été condamné aujourd'hui même à cinq années d'emprisonnement.

— Cinq ans!...

— Tout autant; mais je ne m'en plains pas : les juges ont fait leur métier, et je vais faire le mien... c'est-à-dire...

Ici Simon regarda autour de lui, et, s'apercevant que les misérables auxquels il avait imposé silence prêtaient une oreille attentive, il ajouta en baissant la voix :

— Il m'arrive quelquefois de rendre service aux honnêtes gens : c'est une sorte de compensation des emprunts forcés que je leur fais... Demain matin, à l'ouverture de la cour, nous nous promènerons et je vous en dirai davantage.

II.

II.

La tante Guilbois.

Adrien Girard, c'était le nom du
jeune homme dont nous venons de parler, passa une nuit très-agitée : le lieu
où il était, les gens qui l'entouraient et

une foule d'autres raisons tout aussi graves, l'empêchèrent de goûter pendant un seul instant les douceurs du sommeil. Il pensait à Simon, à l'originalité, à la franchise cynique de cet homme.

— Quelle espèce de service peut me rendre ce misérable? se disait-il; ne sera-ce pas me souiller que de m'entretenir avec lui?... n'est-il pas plus sage d'éviter tout contact avec ces êtres qui de l'homme n'ont conservé que le nom?... que m'importe ce qu'il peut avoir à me dire?... puis-je, sans rougir, consentir à être l'obligé d'un voleur de grand chemin?... Non, je ne lui parlerai pas... et pourtant il y a du

bon dans cet homme-là... quelle différence entre lui et ceux auxquels il a
imposé silence! En serai-je moins honnête homme, parce qu'un voleur m'aura
adressé quelques phrases ?... et, s'il
voulait devenir homme de bien... s'il
comptait pour cela sur mon appui, mes
conseils, mon secours... Je lui parlerai:
les maladies morales sont difficiles à
guérir sans doute, mais elles ne sont
pas incurables... je l'écouterai, je lui
répondrai, je le guérirai... à moins
pourtant qu'il ne s'agisse pas de cela...
Qu'importe, au reste! Bonaparte a bien
touché le bubon d'un pestiféré sans gagner la peste; à plus forte raison...
Parbleu! je suis un grand sot de battre
ainsi la campagne : ne dirait-on pas que

je n'ai jamais eu de relations qu'avec des modèles de vertus?... Que de voleurs dans le monde qui ne diffèrent de celui-ci que parce qu'ils ont moins de franchise! Décidément, je lui parlerai.

Après avoir pris cette résolution, Adrien bâilla, sentit ses paupières s'appesantir, mais au même instant le bruit des clés, les pas pesans des gardiens qui faisaient leur ronde, les piqûres des puces et les ronflemens de ses compagnons de chambrée le réveillèrent. Au point du jour, un peu de calme lui fit espérer de pouvoir prendre quelque repos; et au moment même où il fermait de nouveau les yeux, la

voix rauque d'un gardien annonça qu'il
était temps de quitter le lit ; les portes
des chambres s'ouvrirent, et tous les
prisonniers s'élancèrent de leur grabat
pour aller dans la cour respirer un air
moins corrompu.

— Allons, jeune homme, dit Simon
en passant près du lit d'Adrien, je vous
attends.

Girard se leva, quoiqu'à regret, et
après avoir rajusté ses vêtemens, dont
il n'avait, la veille, quitté qu'une partie, il descendit dans la cour.

— J'ignore de quoi vous êtes accusé,
dit Simon, mais que vous soyez cou-
pable ou que vous ne le soyez pas, il

est certain qu'un long séjour ici ne peut que vous nuire, et par conséquent la proposition que je veux vous faire ne peut manquer d'être de votre goût; cependant il n'est pas inutile que je sache votre *affaire;* et puis, les jours sont longs en prison; pendant que vous raconterez et que j'écouterai, la matinée s'écoulera : nous dînerons ensemble ; à l'aide d'une bouteille ou deux que vous paierez si vous avez de l'argent, nous attendrons patiemment le soir, et... le reste me regarde. Parlez.

Quand même Adrien n'eût pas été décidé à faire plus ample connaissance avec Simon, il n'eût pu s'empêcher de lui répondre. Il y avait dans le ton de

ce dernier quelque chose qui annonçait
l'habitude de commander et qui im-
posait pour ainsi dire la nécessité d'o-
béir.

— Mon histoire est un peu longue,
dit le jeune homme.

— Tant mieux, si elle est intéres-
sante, et si elle ne l'est pas il n'y aura
pas grand mal, car je ne suis pas condamné à l'entendre jusqu'au bout.

Adrien se recueillit un instant et dit:

— J'étais bien jeune encore lorsque
mon père et ma mère, qui étaient de
pauvres ouvriers, moururent presque
en même temps...

— C'était bien ce qu'ils pouvaient

faire de mieux, interrompit Simon :
jouir et souffrir tour à tour, c'est vivre ;
mais souffrir toujours et travailler sans
cesse, cela ne vaut pas le repos éter-
nel... Voyons la suite.

— Ma bonne Guilbois, avait dit mon
père quelques jours avant sa mort en
parlant à l'une de mes tantes, Adrien
n'a pas encore dix ans, il est incapable
de gagner sa vie ; je mourrai tranquille
si tu me promets d'avoir soin de lui.

Ma tante le promit. C'était une bonne
femme qui frisait la soixantaine, et
qui m'avait toujours témoigné beaucoup d'amitié ; mais malheureusement
son avarice était en raison inverse de
sa fortune, c'est-à-dire qu'elle aimait

beaucoup l'argent et qu'elle en avait
peu. Veuve de bonne heure, elle avait
passé trente ans au service d'un cha-
noine de Notre-Dame, lequel, pour
certaines raisons, croyait pouvoir se
dispenser de lui payer ses gages, et qui
en mourant ne lui avait laissé qu'une
rente de six cents francs: c'était toute
la fortune de ma tante, et pourtant elle
était la plus riche de la famille.

Mon père avait commencé à m'apprendre à lire : ma tante décida que
j'acheverais mes études chez les frères
de la doctrine chrétienne; en conséquence, je fus, pendant deux ans, ré-
gulièrement fouetté par les ignorantins,
et j'eus chaque jour chez ma tante une

honnête ration de pain sec. Ce régime ne me couvenait guère; je résolus de ne pas le suivre plus long-temps, et, pour m'y soustraire, je ne trouvai rien de plus simple que de quitter sans tambour ni trompette le domicile de ma tante. Je n'avais pas un sou; mais, grâce à l'héritage que j'avais fait de la garde-robe de mon père, je pouvais me procurer quelque argent. Enfin, un jour, tandis que Mme Guilbois était à confesse, je fis un paquet de mes hardes et je décampai. Le premier marchand de vieux habits que je rencontrai m'offrit quinze francs des trois quarts de mes nippes : le marché fut bientôt conclu, et, muni de trois pièces de cinq francs, somme que je croyais capable de me conduire au bout du monde, je résolus de faire mon tour de France, et je sortis de Paris par la barrière de Fontainebleau.

Un voyageur de douze ans n'est pas infatigable; à trois lieues de Paris, mes jambes refusèrent le service, et il fallut chercher un gîte. Cela, au reste, ne m'inquiétait guère, j'étais en fonds et je n'imaginais pas qu'un aubergiste eût quelque chose de trop bon pour un garçon dont la bourse était si bien garnie. Il résulta de tout cela que, le lendemain matin, je me levai avec un mal de tête affreux, et que mon modeste viatique se trouva réduit des quatre cinquièmes. J'avais le cœur gros en sortant du village où je venais de passer la nuit après avoir fait un si bon souper: que faire avec trois francs qui me restaient? je pouvais, à la vérité, vivre encore deux ou trois jours avec cette somme, et trois jours c'est un siècle à l'âge où j'étais ; mais il me fallait, pour cela, reprendre l'ordinaire de ma tante Guilbois, et cela m'attristait beaucoup; j'avais, la veille, mangé de si bonnes choses! Cependant je me remis en route, et plus je m'éloignais de Paris, plus je m'affermissais dans la résolution d'abandonner pour toujours les ignorantins et ma bonne tante ; bientôt même j'oubliai mon chagrin et ce qui l'avait causé, et le grand air ayant dissipé le mal de tête que m'avait

donné une digestion difficile, je recou-
vrai toute ma bonne humeur et je
continuai à marcher en chantant à tue-
tête les cantiques que j'avais appris
chez les frères, et qui passaient à juste
titre pour les chefs-d'œuvre de la poé-
sie ignorantine.

Une berline qui passait près de moi
au grand trot de deux chevaux vigoureux s'arrêta tout à coup, la portière
s'ouvrit, et j'aperçus trois personnages
portant robe noire et chapeau cornu :
je crus un instant être poursuivi par
les bons frères qui m'avaient si bien
fouetté et m'avaient appris de si belles
choses ; mon premier mouvement fut
de prendre la fuite, mais je m'arrêtai

bientôt à la voix de l'un de ces trois personnages qui m'appelait; j'eus même le courage de le regarder fixement, et ayant reconnu qu'il n'avait des frères fouetteurs que le chapeau et l'habit, j'achevai de me rassurer.

— Où allez-vous, mon ami? me dit l'homme noir.

— Où?... ma foi, je vais partout.

— Quel est votre état?

— Je n'en ai pas.

— Eh! comment se fait-il que vos parens vous laissent ainsi courir le monde?

— Je n'ai plus ni père ni mère; ma

tante m'avait. pris chez elle, mais comme elle ne me nourrissait que de pain sec, sous le prétexte de me rendre joli garçon, je l'ai quittée.

— Cela n'est pas bien, et pourtant vous paraissez bien élevé : vous savez de fort beaux cantiques.

— Oui, j'ai appris cela chez les frères.

— Je crois, révérend père, dit le plus jeune des hommes noirs en s'adressant au plus vieux, je crois que vous ne vous êtes pas trompé et que ce jeune homme pourra nous être utile. Les poésies sacrées, et les cantiques particulièrement, sont pour nous de puissans moyens : cet enfant a la voix belle, il enseignera aux saintes femmes, qui nous sont généralement dévouées, les airs et les paroles... Mon bon ami, voulez-vous venir avec nous?

— Oh! très-volontiers... à condition que vous ne me fouetterez pas comme faisaient les frères et que vous me nourrirez un peu mieux que ne faisait ma tante.

On me promit tout cela en riant, et me voilà, moi quatrième, dans la berline, qui continue à rouler. Vers la fin du jour, nous arrivâmes à Angerville.

— Révérend père, dit encore le plus jeune missionnaire, où descendrons-nous?

— Comme d'habitude, chez le curé.

Quelques minutes s'écoulèrent encore. La voiture s'arrête; nous mettons pied à terre, et nous voilà chez le pasteur.

III.

III.

Les apôtres.

— Mon cher frère, dit l'abbé Cotinot, chef de la mission, nous sommes
de pauvres apôtres qui venons vous
demander l'hospitalité.

— Ah! vous êtes des apôtres!... eh bien! mes frères, je vous en fais mon compliment. Quant à moi, je suis tout bonnement le curé d'Angerville... bon pays, sur ma foi! peuplé de braves et dignes gens, aimant Dieu et ses ministres, et auxquels il serait impossible de reprocher quelque chose, s'ils avaient fait le presbytère plus grand. Cependant, tel qu'il est, je m'en contente, et ma servante aussi...

Ici les missionnaires froncèrent le sourcil; mais le bon curé n'eut pas l'air de s'en apercevoir, et il continua:

— Et ma servante aussi... Pourtant, cette bonne Charlotte aurait bien le droit d'être exigeante; car, il y a trente

ans, lorsque ma tête était menacée,
elle vendit son patrimoine pour me se-
courir et me donner les moyens de
passer à l'étranger..... Excusez, messieurs; mais cette bonne fille est un
peu curieuse, je suis sûr qu'elle n'a pas
encore vu d'apôtres, et... Charlotte!
Charlotte!... tiens, mon enfant, tu vois
bien ces messieurs? eh bien! ce sont
des apôtres.

Et Charlotte ébahie ouvrait de grands
yeux, faisait des signes de croix les uns
sur les autres en murmurant :

— Des apôtres, sainte Vierge! des
apôtres!... et ce petit chérubin aussi!...
à son âge!... c'est fièrement gentil!

— Comme je vous le disais tout à l'heure, messieurs, reprit le curé, tout est pour le mieux à Angerville, excepté le presbytère, qui est un peu petit, circonstance d'autant plus fâcheuse qu'elle me prive du plaisir que j'aurais eu à vous offrir un logement décent.

Au lieu de répondre, mes apôtres se regardaient en dessus et murmuraient. Pour moi, je ne comprenais pas grand'chose à tout cela, je ne savais pas beaucoup mieux que mademoiselle Charlotte ce que c'était que les apôtres au nombre desquels cette bonne fille voulait bien me compter, de sorte que nous faisions tous là une assez sotte figure. Quand je dis *tous,* il faut pourtant en excepter le curé, qui, malgré son air franc et ouvert, ne paraissait pas regretter autant qu'il le disait que ses ouailles n'eussent pas fait le presbytère plus grand ; j'aperçus même un léger sourire sur ses lèvres.

— Monsieur le curé, dit enfin le père Cotinot, vous plaira-t-il de faire cesser bientôt cette scène ridicule? sommes-nous des bêtes curieuses, et ne pourriez-vous pas vous comporter plus décemment?

A ces mots, le bon pasteur parut reprendre tout son sérieux, et s'adressant à celui des visiteurs qui venait de l'apostropher :

— Monsieur, lui dit-il, à Dieu ne plaise que je reçoive mal les gens qui me prient de venir à leur aide. Il n'y a pas dans Angerville ou dans les environs un pauvre qui puisse dire qu'il ait jamais trouvé ma porte close ; mais, mes chers frères, je dois aussi vous dire que ces braves gens-là ne sont jamais venus en chaise de poste me demander l'hospitalité.

— J'espère, au moins, reprit l'abbé, qui sentait la nécessité d'en rabattre, que vous ne me refuserez pas de coopérer à la bonne œuvre que nous nous proposons de faire?

— Vraiment, si vous venez prêcher la parole divine, je suis prêt à vous

seconder de tous mes moyens. Je me
fais vieux, ma voix est cassée, et mon
asthme ne me permet pas de monter
souvent dans la chaire de vérité. Vous
paraissez tous jeunes et vigoureux; je
remercie la Providence qui m'envoie
de tels auxiliaires.

A peine le curé eut-il achevé de parler, que mes patrons, se rapprochant
l'un de l'autre, parurent délibérer, et,
au bout d'un instant, nous quittâmes
le presbytère pour nous rendre à l'auberge du Grand-Cerf.

Je ne vous ferai pas l'histoire de la
mission; ces saintes promenades se
ressemblent toutes et sont connues de
tout le monde. Je vous dirai seulement

que le zèle que je déployai pour ins-
truire les bonnes femmes et les jeunes
filles dans le grand art de chanter des
paroles saintes sur des airs profanes
acheva de me gagner les bonnes grâces
des missionnaires ; ils me traitèrent en
enfant gâté, et pendant quatre ans je
parcourus la France avec eux, faisant
chanter mes games aux vierges de toutes les paroisses... Mais, monsieur,
c'est un rude métier pour un jeune
homme que de faire chanter les vierges
de quatre-vingt six départemens!

Adrien en était là de son récit lorsque le cliquétis des clefs vint l'interrompre ; l'heure de la retraite avait
sonné. Adrien se retira dans la cham-

bre infecte qu'il habitait de compagnie
avec ce que l'espèce humaine a de plus
hideux. Assis sur son lit, les yeux à
demi-fermés, la tête penchée sur sa
poitrine, il paraissait enseveli dans de
profondes réflexions; il n'entendait et
ne voyait rien de ce qui se passait autour de lui. Il commentait ces paroles
de Simon : — *Le soir viendra, et... le
reste me regarde.* Que voulait donc dire
cet homme singulier? Bien certainement il méditait quelque projet, et,
sans nul doute, Adrien ne devait pas
être étranger à l'exécution de ses des-
seins. N'avait-il pas témoigné beaucoup
d'intérêt à ce jeune homme? ne l'avait-
il pas, en quelque sorte, pris sous sa
protection ?... La protection d'un vo-

leur... cette pensée fit frémir Adrien, mais il réprima ce mouvement.

Tout est relatif, se dit-il, bien qu'innocent du crime que l'on m'impute, je n'en cours pas moins le risque de subir une longue captivité. Qu'importe alors par quelle voie je recouvrerai ma liberté! que ce soit un voleur ou un honnête homme qui m'ouvre la porte, dans ma position, c'est l'action qu'il faut considérer, et non celui qui la commet. Et puis, nous verrons... je ne fais encore que soupçonner ce dont il s'agit: si je me trompe, si cet homme voulait me faire tremper dans quelque complot, ne sera-t-il pas temps de rejeter sa proposition quand il l'aura faite en termes clairs et positifs?

Ce raisonnement, qui ne manquait pas de justesse, tranquillisa Adrien; il se coucha, mais il ne dormit point, car il était persuadé que Simon profiterait du sommeil des autres prisonniers pour venir s'expliquer sur ses projets : il ne l'attendit pas long-temps.

IV.

IV.

L'évasion.

Minuit avait sonné, depuis long-
temps le plus profond silence régnait
dans la prison et dans les rues voi-
sines.

—L'heure est venue, jeune homme;
levez-vous et suivez-moi.

Ces mots, prononcés à voix basse,
furent entendus d'Adrien, qui, grâce à
la précaution qu'il avait eue de ne
point se déshabiller, fut en un clin
d'œil prêt à suivre Simon. Celui-ci le
conduisit par la main à l'extrémité de
la chambre, près d'une fenêtre garnie
d'énormes barreaux; deux de ces barreaux furent, sans beaucoup de peine,
arrachés par Simon : ils avaient été
sciés pendant les nuits précédentes.

—Nous ne sommes qu'au premier
étage, dit Simon : vous sentez-vous la
force de sauter ?

— Sans doute, mais je ne vois pas à quoi cela nous servira, car nous serons alors dans la cour intérieure, entourée non pas de murs, mais de bâtimens dont l'escalade est impossible.

— Je sais cela mieux que vous, jeune homme; j'ai dix fois levé le plan de cette maison, j'en ai pour ainsi dire compté les pierres... Assez, venez.

En prononçant cette dernière parole, Simon touchait le sol de la cour. Adrien le suivit. Simon tira de ses poches plusieurs clefs, ouvrit une porte avec précaution, et, toujours suivi de son compagnon, il parcourut un étroit corridor, monta un escalier, à l'extrémité duquel il ouvrit, à l'aide de ses clefs, une autre, puis une troisième, puis une quatrième. Alors l'obscurité profonde qui les avait environnés pendant cette promenade ascendante se dissipa un peu, à travers une espèce de lucarne Adrien aperçut les étoiles; mais cette lucarne était, comme toutes les fenêtres de la maison, garnie de barreaux.

— C'est maintenant qu'il faut du courage et de la résolution, dit Simon, car il s'agit de se laisser glisser d'une hauteur de plus de cinquante pieds sur une corde moitié moins grosse que le petit doigt.

— Mais je ne vois pas d'issue ?

— Parbleu, je le crois bien; mais il n'est pas difficile d'en ouvrir une. Montez sur mes épaules, vous atteindrez la toiture... Bien... prenez cette petite scie; coupez deux ou trois lattes... doucement, de la précaution, du calme... si vous vous pressez, nous sommes perdus... Maintenant dérangez cinq ou six tuiles et passez-les moi... prenez bien garde qu'il ne vous en échappe quelque fragment au dehors, il tomberait dans le chemin de ronde, et il n'en faudrait pas davantage pour jeter l'alarme dans toute la maison!... Bon... assez; montez sur le toit et fixez fortement cette corde à l'un des chevrons...

Ces divers commandemens étant exécutés, Simon se hissa lui-même sur le toit, ôta sa veste, sa chemise, déroula de dessus son corps une longue corde qu'il unit fortement à la première ; puis, tirant de ses poches deux paires de gants de peau mouillés, il en donna une à son compagnon.

— Maintenant, dit-il, il s'agit de faire le saut périlleux : commencez, jeune homme, vous serez le moins exposé; si nous touchons la terre sans être vûs des sentinelles, tout sera bientôt fini.

Adrien hésita, il regretta un moment de s'être laissé entraîner, mais sentant qu'il était trop tard pour reculer, il se résigna, saisit fortement le mince cordage et se laissa glisser, appuyant autant que possible ses pieds sur la muraille. Tant que la corde fut tendue, Simon resta sur le toit, puis il suivit le même chemin que son compagnon et atteignit promptement le sol.

— Un dernier effort maintenant, dit-il en déroulant une autre corde de dessus son corps; mais il faut se hâter, car il doit se faire une ronde tous les quarts d'heure.

A peine avait-il parlé que déjà un crochet de fer était attaché à l'extrémité de la corde. Ce crochet, jeté par-dessus le mur, se fixa sur la crête, et cette fois Simon monta le premier.

Ce ne fut pas sans de grandes difficultés qu'Adrien parvint à le joindre. La même corde est jetée en dehors, et une demi-heure après nos deux fugitifs avaient franchi les barrières de la capitale.

—Nous sommes bien ici, dit Simon en s'asseyant sur le revers d'un fossé, attendons-y le jour; car, pour nous, les rues de Paris ne seraient pas sûres pendant le reste de la nuit : au point du jour nous y rentrerons; car j'ai là des connaissances auxquelles ma situation financière m'oblige de faire visite, et si mon genre de vie ne vous déplaît pas... Cela me rappelle que vous ne m'avez pas encore dit à la suite de quel événement nous nous sommes trouvés habiter la même demeure... Je vous écoute.

—Ainsi que je vous l'ai dit, monsieur, reprit Adrien, c'est un métier bien dangereux que celui de faire chanter les louanges du Seigneur aux jeunes filles et aux vieilles femmes des départemens : les premières étaient l'objet de tous mes soins, les autres m'accablaient de caresses : c'était à n'y pas tenir.

Nous étions à Carpentras, où nous faisions fureur... le Midi, monsieur, est la terre promise des missionnaires. Au nombre de mes belles élèves était là fille d'un membre du conseil municipal; elle avait seize ans, une voix divine et de grands yeux noirs qui me brûlaient le cœur... Ah ! monsieur, si vous aviez vu Céline, si vous l'aviez entendue !... Eh bien, monsieur, Céline m'aimait; non-seulement je le vis, mais elle m'en fit l'aveu..... Nous ne nous quittions presque pas ; elle assistait à tous les exercices religieux, et comme son père tenait à l'honneur d'être l'ami des missionnaires, je passais chez lui presque tout mon temps. Combien ces beaux jours se sont écoulés rapidement!...

Nous étions prudens autant que possible; mais, monsieur, les missionnaires ont des yeux de lynx : le père

Cotinot ne tarda pas à s'apercevoir de
quelque chose. J'accueillis assez mal ses
représentations; il me défendit de retourner chez le conseiller. Je répondis
que je n'avais point pris d'engagement
et que j'étais le maître d'agir comme il
me plairait; il me parla de mon salut,
et je l'envoyai au diable. Une rupture
éclatante eût été plus préjudiciable aux
bons pères qu'à moi : donc je n'avais
pas cela à craindre. Le révérend père
cessa de me sermonner, mais il fit si
bien que le conseiller me défendit sa
porte. Il fallut avoir recours à la ruse ;
Céline inventa mille moyens, mais ils
n'aboutissaient qu'à nous ménager de
courtes entrevues. Céline était au dé-
sespoir ; je souffrais horriblement : la

mission allait finir, nous serions sépa-
rés sans espoir de nous revoir jamais!...

V.

V.

Le rapt.

L'émotion d'Adrien devint si vive en cet endroit de son récit qu'il fut forcé de s'interrompre pendant quelques instans. Simon parvint cependant à le calmer, et il reprit ainsi :

Un soir, après le sermon, et au moment où je sortais de l'église, une servante s'approche de moi et me glisse un billet dans la main ; il était de Céline.

« Demain matin, au point du jour, me disait-elle, je serai sur la route de Paris, et je t'attendrai : m'aimes-tu assez pour me suivre ? »

Je l'aurais suivie au fond de l'enfer !... aussi fus-je exact au rendez-vous. Nous louâmes d'abord des chevaux, puis nous prîmes la diligence, et quatre jours après nous étions à Paris. Céline avait de l'argent.; nous nous aimions plus que jamais... Quel temps heureux! que de plaisirs!... Et puis, qu'on me vante après cela les délices du paradis!...

Maintenant, il me reste peu de chose à vous apprendre, et je suis sûr que vous devinez la fin de l'aventure..... L'argent s'épuisa, l'amour devint moins vif, et le conseiller, qui s'était mis à notre poursuite, finit par découvrir notre retraite; Céline fut sermonnée, vertement admonestée; moi, je fus arrêté et l'on me mit les menottes; elle partit en poste pour Carpentras, et moi je fus conduit en prison, sous le poids d'une accusation de rapt... J'y

serais encore, si je n'avais eu le bonheur de vous rencontrer.

— Eh! qu'espérez-vous faire maintenant?

— Je ne sais trop. Ma bonne tante
Guilbois est morte après avoir choisi
son confesseur pour légataire univer-
sel, afin de lui rendre en ce monde
quelque peu des biens qu'il lui promet-
tait dans l'autre. Je ne sais point de
métier, et je n'ai pas un sou.

— La situation n'est pas brillante,
mais il ne tiendra qu'à vous de l'amé-
liorer; vous ne manquez pas de courage
et vous avez déjà assez vu le monde
pour mépriser les hommes et les ri-

cules institutions grâce auxquelles les faibles doivent être éternellement opprimés par les forts... Faites comme moi : à la force opposez la ruse...

— Et les lois, monsieur!... et la police, et la prison, et les bagnes!... Oh! non, non...

— Et votre estomac, mon ami!... et le besoin que vous avez d'habits, de souliers, de lit!...

— Oh! sans doute, ce sont-là des besoins qu'il faut satisfaire; mais je suis jeune et fort, je travaillerai.

— Quand?

— Dès que j'aurai trouvé de l'occupation.

— Alors, faites-moi le plaisir de me dire combien de temps un homme peut vivre sans manger.

— Mon Dieu! vous me désespérez.

— Ce n'est pas mon intention; je veux vous empêcher de mourir de faim, voilà tout, et je ne sais qu'un moyen pour cela.

— Mais il est horrible ce moyen.

— N'exagérons rien, mon ami, et ne jugeons pas les choses sur l'apparence : quand vous m'aurez vu opérer deux ou trois fois, vous changerez d'avis, j'en suis sûr, et vous vous en trouverez bien... Mon Dieu, quand on a couru le monde en compagnie de

missionnaires, il ne doit pas être difficile de s'accoutumer à voir l'argent
des simples passer dans la poche des
habiles.... Deux heures s'écouleront
encore avant que le jour paraisse; je
veux les. employer à vous donner une
juste idée de la profession que j'ai em-
brassée : suivez-moi.

Ils se levèrent; Adrien hésita, et
Simon avait déjà fait quelques pas
lorsqu'il s'aperçut que son compagnon
ne le suivait pas.

— Ce sera comme vous voudrez,
mon jeune ami, lui dit-il; et puisque
le séjour de la prison vous convient,
vous avez eu grand tort d'en sortir, au
risque de vous briser les os. Toutefois,

soyez tranquille, vous avez tout ce qu'il faut pour y retourner bien vite, et, d'après l'accusation qui pèse sur vous, vous n'aurez pas besoin de mes conseils pour aller au bagne.

Ces dernières paroles firent beaucoup d'impression sur Adrien ; *les bagnes!* il y avait pour lui, dans ces deux mots, toutes les terreurs de l'enfer.

— De grâce, ne m'abandonnez pas! s'écria-t-il. Quelque horrible que me paraisse votre profession, j'ai cependant confiance en vous : votre franchise est celle d'un homme de bien.... et d'ailleurs, quand je courrai quelques dangers en vous suivant, ne vous

ai-je pas assez d'obligations pour ne
pas hésiter?

— Vous ne me devez rien, mon
ami, absolument rien. Chacun est
pour son compte sur cette terre maudite, et tous ces beaux sentimens
qu'on appelle *reconnaissance, dévoue-*
ment, etc., sont des mots; l'égoïsme
seul est une chose, une chose vraie;
c'est le pivot sur lequel nous sommes
condamnés à tourner sans cesse......
Vous comprendrez mieux cela quand
vous aurez vécu davantage. Et puis, le
temps serait mal choisi pour faire des
phrases : hâtons-nous d'agir, car
l'heure où nous aurons faim n'est pas
éloignée, et il importe surtout d'obéir
aux lois de l'estomac.

Ils marchèrent rapidement vers Paris, où ils entrèrent comme ils en étaient sortis, c'est-à-dire sans difficulté, et ils arrivèrent bientôt sur les boulevards intérieurs. Simon s'arrêta devant une maison qui, bien que la nuit fût fort avancée, était brillamment illuminée, et semblait remplie de monde.

— Auriez-vous l'intention d'entrer ici? dit Adrien.

— Je voudrais le pouvoir, et je n'y manquerais pas si mon costume me le permettait, car nous y trouverions promptement ce qui nous manque; mais ce n'est que partie remise.

Comme il achevait de parler, un jeune homme élégamment habillé sortit de cette maison en fredonnant un gai refrain.

— Voici celui que j'attendais, dit Simon en l'apercevant.

— Vous connaissez ce personnage ?

— Pas le moins du monde; mais quand on sort en chantant d'une maison comme celle-ci, c'est qu'on a la bourse bien garnie, et je n'ai pas besoin d'en savoir davantage.

— C'est donc l'hôtel de quelque banquier?

— A peu près : c'est une maison de

eu... Silence.... il est maintenant dans
un lieu convenable....

A ces mots, Simon s'élança vers le
jeune homme, le saisit violemment et
le renversa en lui disant à demi-voix :

— Si vous prononcéz un mot autre-
ment que pour me répondre vous êtes
mort!

L'inconnu se tut, et Simon reprit :

— Vous venez de jouer, vous avez
gagné; moi, je ne possède pas un sou
et j'ai faim. Si je vous dépouillais de
tout ce que vous possédez, je serais un
infâme, car je vous mettrais dans la situation où je me trouve et dont je veux
sortir à tout prix. Partageons le gain

que vous avez fait ; je n'en demande pas davantage.

Il se passa quelques instans sans que le jeune homme pût répondre ; cette philosophie était si peu à son usage qu'il lui eût fallu quelque liberté d'esprit pour la comprendre, et la frayeur avait suspendu toutes ses facultés. Simon, s'apercevant de ce qui se passait dans l'esprit de son interlocuteur et jugeant qu'il n'avait rien à craindre d'un tel homme, lui tendit la main, le releva, et, le prenant familièrement sous le bras, il lui dit de l'air du monde le plus dégagé :

— Puisque vous jouez, mon cher ami, vous devez savoir combien il est horrible de se trouver sans argent, et par conséquent ma conduite ne doit pas vous paraître extraordinaire...... Voyons votre bourse, car je suis un peu pressé; on l'est toujours en semblable circonstance.

— Mais, monsieur..... c'est sans doute une plaisanterie....

— Je ne plaisante jamais; votre bourse !...

Le ton dont furent prononcées ces dernières paroles ne permit pas à celui à qui elles étaient adressées d'hésiter davantage, et non-seulement il présenta sa bourse, mais encore son portefeuille, qui se trouvait assez bien garni de billets de banque.

— Bien, dit Simon, très-bien ; vous allez voir que je sais tenir mes engagemens... Voici vingt louis, j'en prends dix ; trente billets de mille francs, j'en prends quinze. Le reste est à vous, et, de peur de quelque nouvelle rencontre, j'offre de vous accompagner.

—Merci, merci, dit le jeune homme en empochant précipitamment ce que lui rendait Simon ; je ne suis qu'à dix pas de ma demeure.

Et en parlant ainsi il disparut avec la rapidité de l'éclair. Simon s'en inquiéta peu, et revint tranquillement sur ses pas. Il retrouva Adrien où il l'avait laissé : le pauvre garçon était pâle, tremblant ; on eût dit que c'était lui qui venait de dépouiller l'heureux joueur de Frascati.

— Eh bien! mon jeune ami, quel diable de mine faites-vous donc?.... Pauvre enfant! on voit que vous ne connaissez pas le monde! vous n'avez pas vécu.... Sacredieu! ce serait dommage qu'un si beau garçon fût obligé de passer sa jeunesse sans plaisirs, son âge mûr en prison, et sa vieillesse au bagne...

— Miséricorde! que dites-vous?

— Rien.... et puis, il ne faut pas avoir peur des mots.

— Le bagne, la prison...

— Sont bien loin de nous pour le

moment, car nous sommes riches
pour un an au moins; mais, assez de
de discours, et tâchons de troquer
promptement nos mauvais habits contre de bons, car c'est encore un des
avantages de notre civilisation qu'avec
les livrées de la pauvreté on n'est en sûreté nulle part; marchons.

Adrien le suivit de nouveau, non
sans se repentir quelque peu d'avoir,
dans le commencement, cédé aux sol-
licitations de ce singulier personnage.
Le jour commençait à poindre, mais
il n'y avait pas encore de boutiques
ouvertes. Simon frappa à la porte d'un
fripier de sa connaissance qui déjà
lui avait rendu plus d'un service du

genre de celui qu'il venait réclamer pour lui et son jeune compagnon. Au bout de quelques instans la porte s'ouvrit, et le marchand, après s'être frotté les yeux, reconnut son ancienne pratique.

— Ah! c'est vous, mon ancien! qu'y a-t-il pour votre service?

— Vous devez le deviner en nous voyant, car je gage que vous ne donneriez pas six francs de toute notre défroque.

— Que voulez-vous! les temps sont si durs! et puis, commencer la journée par acheter, c'est de mauvais augure... d'autant plus que tout est pour rien aujourd'hui, et que ma boutique regorge de marchandises.

— Tant mieux, nous pourrons choisir.

— Ah! vous voulez acheter?... c'est bien différent.... je vous traiterai en ami.....Vous savez que le bon n'est jamais trop cher....

— Bon, bon! je n'ai pas envie de marchander; voyons ce que vous avez de mieux pour moi et ce jeune homme.

Le visage du fripier devint tout à coup rayonnant de joie; il se hâta d'ouvrir ses ballots, et nos deux compagnons troquèrent en un clin d'œil leurs haillons contre les habits les plus élégans. Ce n'était pas sans éprouver quelque crainte que le marchand voyait nos camarades endosser si vite et sans en demander le prix ce qu'il possédait de plus beau : aussi se tenait-il près de la porte, disposé à crier à tout événement...

— Combien tout cela? dit enfin Simon.

Le fripier respira, et comme il était juste qu'il fût indemnisé de la peur qu'il avait eue, il demanda deux cents francs de ce qu'il eût bien volontiers donné pour la moitié de cette somme. Simon lui jeta les dix louis qu'il avait, et il sortit, toujours suivi d'Adrien, qui ne pouvait se défendre d'un certain plaisir en se voyant si bien couvert et commençait à oublier la source de cette prospérité subite.

— Maintenant, mon garçon, dit Simon, le plus fort de la besogne est fait ; je gage que pas un des innombrables agens de police dont Paris regorge n'oserait s'attaquer à des gens de notre importance : l'habit est et sera toujours le plus utile instrument de notre profession.

En ce moment il s'arrêta devant un hôtel garni de belle apparence et frappa violemment à la porte.

—Vous allez réveiller tout le monde, dit Adrien.

— Tant mieux, mon ami! être bien
mis et faire beaucoup de bruit, c'est
le moyen de passer pour des gens
comme il faut et de ne manquer de
rien.

En un instant, maîtres et valets furent sur pied ; on donna aux nouveaux
venus un des plus beaux appartemens
de l'hôtel.

— Messieurs, dit l'hôte, voulez-vous
bien me remettre vos passeports ?

Adrien pâlit, mais Simon n'était
pas homme à se laisser intimider pour
si peu de chose.

— Tantôt, tantôt, dit-il, lorsque
nos malles seront arrivées.... laissez-

nous en repos... Ah! j'oubliais! faites-moi changer ce billet de mille francs.

Des billets de banque, je l'ai déjà dit, sont le meilleur passeport du monde. L'hôte s'inclina respectueusement devant Simon et le portefeuille qui paraissait si bien garni, et sortit pour obeir. Simon s'étendit sur l'un des lits, et invita Adrien à en faire autant; mais le jeune homme était loin de jouir de cette tranquillité d'esprit que son compagnon possédait dans toutes les circonstances.

— Sans doute, tout va le mieux du monde jusqu'à présent, dit-il en s'adressant au singulier mentor qu'il s'était donné; mais je crois apercevoir de grandes difficultés dans un avenir prochain.

— Eh! bon Dieu, mon ami, nous ne vivons que de contraste; aujourd'hui bien et demain mal, c'est jouir.

— Pensez-vous qu'on ne reviendra pas bientôt sur cette question de passeports?

— Que m'importe! j'aurai des passeports autant que j'en voudrai avant la fin du jour.

— Dieu le veuille!

— Je le veux, moi, et c'est assez.

Cela ne persuadait pas Adrien; mais le calme de Simon était tel qu'il en rejaillit quelque chose sur le jeune homme, et tous deux s'endormirent profondément. Les deux tiers de la journée s'écoulèrent ainsi; il était l'heure de dîner lorsque la voix forte et sonore de Simon réveilla le jeune adepte.

— Qu'est-ce? dit Adrien en se levant précipitamment.

— C'est, répondit Simon, que je meurs de faim, et que votre estomac doit être à peu près dans la même situation que le mien.

— C'est vrai; j'ai faim.

Simon sonna, demanda qu'on fît avancer une voiture de place, y fit monter Adrien avec lui, et ordonna de toucher au Palais-Royal.

— Et les passeports? dit Adrien.

— Nous avons le temps d'y penser, mon ami ; dînons d'abord, nous verrons ensuite.

Ils entrèrent chez l'un des meilleurs restaurateurs. Le dîner fut long ; ils n'en étaient pas au dessert que déjà la nuit était venue. Adrien était tout au plaisir d'un bon repas : il y avait si long-temps que cela ne lui était arrivé! Ce ne fut qu'en sortant qu'il songea de nouveau aux passeports et en parla à son compagnon.

— A la rigueur, dit ce dernier, nous

pourrions bien nous en passer pendant quelques jours ; mais puisque vous y tenez si fort, nous allons nous rendre de ce pas chez le marchand.

— Chez le marchand de passeports?

— Oui, mon ami: tout est marchandise en ce monde; il ne s'agit que de connaître les boutiques.

Cela dit, ils remontèrent en voiture et partirent.

VI.

VI.

Un industriel.

La voiture, après avoir roulé pendant un quart d'heure, s'arrêta dans
une petite rue salle et étroite, devant
une misérable bicoque. Simon mit pied

à terre, Adrien en fit autant, et tous deux s'engagèrent dans une allée où régnait l'obscurité la plus profonde.

— Où allons-nous? dit Adrien en marchant à tâtons; sommes-nous dans un coupe-gorge?

— Enfant! vous en êtes encore aux contes de votre nourrice! il n'y a de coupe-gorge nulle part à Paris. Tâchez de me suivre et soyez tranquille.

Le pauvre jeune homme ne comprenait pas quel rapport il pouvait y avoir entre les passeports dont ils avaient besoin et leur visite nocturne dans cette maison si sombre et si infecte; pourtant il obéit sans hésiter, car Simon avait déjà pris sur lui un tel ascendant que ses paroles étaient des ordres qu'il ne pouvait se dispenser d'exécuter. A l'extrémité de l'allée se trouvait un escalier étroit, muni d'une corde en guise de rampe : ils montèrent.

— Comptons les étages avec soin, dit Simon ; nous allons au cinquième.

Quand il eût dit : *Nous allons en enfer,* Adrien n'eût pas cru pouvoir se dispenser de le suivre. Ils montèrent donc ; Simon frappa à la porte d'un grenier, et après quelques instans un homme vint ouvrir. Adrien s'attendait à voir paraître quelque bohémien, quelque sale vieillard décrépit ; aussi ne fut-il pas peu surpris en apercevant un jeune homme bien couvert, aux manières presque élégantes.

— Quoi! c'est vous, mon vieil ami! s'écria-t-il en reconnaissant Simon; pardieu! je suis bien aise de vous voir en bonne position; d'autant plus aise que, d'après quelques renseignemens, je vous croyais....

— A l'ombre, n'est-ce pas? et vous n'aviez pas tort, car il n'y a pas encore vingt-quatre heures que je suis au soleil : c'est justement à cause de cela que je viens réclamer vos bons offices. Je crois, le diable m'emporte, que ces animaux sont enragés avec leurs passeports; on dirait qu'ils ont mission de

connaître le signalement du genre hu-
main tout entier.

— Bon, bon ! vous savez qu'il n'est
pas difficile de les satisfaire... Mais en-
trez donc, messieurs.

Ils franchirent le seuil de la porte,
et Adrien fut surpris de voir que ce
qui avait l'air d'un grenier à l'extérieur
était intérieurement un petit appartement fort propre et fort commode. Au
milieu de la seconde pièce, qui avait
l'air de servir de cabinet, était une espèce de bureau surchargé de liaisses
énormes de papiers de tous les for-
mats.

— Voyons, que vous faut-il? dit le

maître du logis; quels gens vous plaît-il d'être pour le moment?

— Je ne vois pas, répondit Simon, ce qui m'empêcherait d'être négociant à Bordeaux, et mon jeune ami n'a pas de raisons pour refuser d'être mon premier commis. Le nom de *Joseph Maringa* me convient assez, et celui de *Pierrre Mervel* sera celui de mon compagnon.

— C'est donc dans la liasse *Bordeaux* que je dois chercher votre affaire.

Il ouvrit en effet celle des énormes liasses sur laquelle le mot *Bordeaux* était écrit en grosses lettres, et il chercha pendant quelques instans parmi une immense quantité de passeports couverts de graisse et de crasse.

— Voici votre affaire, dit-il ensuite; trois chiffres et vingt lettres à changer; cela vous coûtera cent écus.

— Les voici, dit Simon en comptant quinze louis sur le bureau; mais dépêchez-vous, car nous sommes pressés de jouir : le plaisir passe si vite!

— Je ne vous demande que vingt minutes, répliqua l'industriel.

Il se mit à l'œuvre aussitôt, et commença, à l'aide d'une composition chimique, par faire disparaître les caractères qu'il fallait changer; puis il fit sécher le papier, et, à l'aide d'un pinceau, il écrivit les noms des nouveaux titulaires de telle sorte que l'on eût cru le tout tracé par la même main.

Adrien et Simon se retirèrent très-satisfaits, et deux heures après les passeports étaient entre les mains du maître d'hôtel ; mais en même temps arrivait à la préfecture de police une note ainsi conçue :

« Simon, voleur de profession, est maintenant à Paris sous le nom de *Joseph Maringa,* en société d'un autre voleur qui se fait appeler *Pierre Mervel;* ils sont porteurs de passeports passés au bleu. »

Et cette note était payée cinquante francs à son auteur, qui tirait ainsi d'un sac deux moutures. Celui-là volait en toute sécurité et pour la plus grande gloire de la civilisation.

— Eh bien! mon ami, disait Simon en se mettant au lit, que pensez-vous du monde, à présent que vous commencez à le connaître?

— Rien, sinon qu'il est plus hideux que je ne l'avais imaginé; mais peut-être, jusqu'ici, n'ai-je vu que le revers de la médaille.

— Dites plutôt que vous n'avez vu que son beau côté, enfant.

— Cela n'est pas rassurant,

— Comment! vous ne trouvez pas très-satisfaisante notre situation présente? Il me semble pourtant que nous n'avons rien à désirer... Vivons pour vivre, c'est-à-dire pour jouir, morbleu! et foin de l'avenir!... Bonne nuit, mon garçon; dormez bien, afin d'être demain frais et dispos; car demain nous n'aurons d'autre soin que de bien vivre, et mes batteries sont dressées en conséquence.

Adrien ne répliqua pas, mais il fit pendant une partie de la nuit de tristes réflexions. Simon, au contraire, s'endormit fort tranquillement, et il ne s'était pas éveillé une seule fois pendant la nuit, lorsque, vers six heures du ma-

tin, on frappa violemment à la porte
de son appartement.

VII.

VII.

L'habit fait le moine.

— Que le diable emporte les impor-
tuns! s'écria Simon en se jetant hors du
lit. Qui est là ?

— Ouvrez, s'il vous plaît.

— Vraiment, cela ne me plaît pas
trop... à cinq heures du matin! c'est
vraiment ridicule.

Quoique fort mécontent, il ouvrit
cependant, et aussitôt sa chambre fut
envahie par quatre hommes de mauvaise mine.

— Au nom de la loi, je vous arrête!
dit celui qui marchait en tête.

—La plaisanterie est d'assez mauvais
goût, dit Simon sans se déconcerter ;
adressez-vous ailleurs, je vous prie, et
laissez-moi dormir...

— Vous vous nommez Simon?

— Que diable me chantez-vous là!

— Oh! je sais, vous avez des passeports, mais nous savons d'où cela
vient et ce que cela vaut.

La frayeur se peignit sur le visage
d'Adrien, qui venait de s'éveiller; quant
à Simon, il n'en parut guère plus ému,
et il dit fort tranquillement en passant
ses bottes et son pantalon :

— Bien joué, messieurs, très-bien
joué! il est seulement fâcheux que vous
gagniez si peu à ce jeu-là...Voyons, en
conscience, combien vous rapportera
votre capture : pas plus de cinquante
francs, je gage.

— Il s'agit de faire notre devoir.

— Bon; mais il me semble que vous

faites votre devoir pour gagner de l'argent.

—C'est la condition de tout employé.

— Sans contredit; mais pensez-vous qu'il y ait beaucoup d'employés capables de travailler pour gagner cinquante francs alors qu'on leur offrirait dix fois plus pour demeurer les bras croisés?

—Hum! cela demande explication.

— Oh! de tout mon cœur; j'aime à parler sans figures : je vais vous compter deux mille francs, à condition que vous ne sortiez d'ici que dix minutes après moi.

—Cela fait chacun cinq cents francs;

ce n'est pas assez pour risquer de perdre sa place.

— Je double la dose.

— Diable! il paraît que vous n'avez pas perdu votre temps; la capture nous fera honneur... mille francs, ce n'est pas une année d'appointemens...

—Trève de réflexions : voulez-vous dix billets de banque de mille francs?

— Pourquoi pas vingt?

— Parce que nous n'en avons que dix; et, après tout, je crois que nous ne ferons pas mal de les garder, car ils sont en sûreté.

— Comptez l'argent et dépêchons.

— Oh! mes compères, vous sentez que je ne suis pas disposé à vous laisser prendre l'homme et l'argent; nous allons faire monter le maître de la maison, et ce sera lui qui se chargera de vous remettre l'argent dix minutes après notre départ.

Dix mille francs, cela en valait la peine, et il y avait d'autant moins à hésiter que Simon semblait déjà se repentir de s'être montré si généreux. On fit monter le maître de l'hôtel; le marché fut conclu. Une heure après, Adrien et Simon étaient de nouveau hors de Paris; ils passèrent toute la journée et une partie de la nuit suivante dans un village, cherchant des expé diens pour se tirer de ce mauvais pas.

— Nous avons perdu dix mille fr., disait Simon, il faut en retrouver vingt.

— En serons-nous plus avancés?

—Autant vaudrait demander si nous serons plus heureux dans le paradis que dans l'enfer.

— Mais nous n'en aurons pas moins la police à nos trousses.

—Pas moins, c'est vrai, mais nous ne l'aurons pas plus.

— Quoi! vous pensez....

—Je pense qu'il est raisonnable que ceux qui n'ont pas assez prennent à ceux qui ont trop.

— Mais n'est-il pas d'autres moyens de pourvoir à nos besoins?

— Non.

— Peut-être. Que pensez-vous des missionnaires, monsieur? manquent-ils de quelque chose? ne jouissent-ils pas de toutes les douceurs de la vie?

— Sans doute; mais qu'est-ce que cela prouve?

— Cela prouve que leur métier vaut mieux que le vôtre, et qu'il est moins dangereux.

— Mais tout le monde ne peut être missionnaire.

— Cela est moins difficile que vous

ne l'imaginez. Le père Cotinot est maintenant à Dijon ; il me sera facile de reconquérir ses bonnes grâces, et je me chargerai volontiers de vous faire initier.

— Pardieu ! il serait plaisant que Simon mourût sous le froc... Quand le diable devient vieux, il se fait ermite ; je ne serai pas le premier qui aura caché le bonnet rouge sous une calotte... Arrive que pourra, j'accepte... Je me suis vengé avec la guillotine, je me vengerai avec l'enfer!...Voici le jour, mon ami; rentrons dans Paris.

Ils marchent. Au bout d'une heure, Simon, qui avait été visiter quelques unes de ses connaissances, rejoignit son compagnon rue Saint-Honoré, près les pilliers des halles.

— Maintenant, mon ami, lui dit-il, nous pouvons changer de costume et monter convenablement notre garde-robe. Quelque chose nous manque, il est vrai, pour voyager avec sécurité; ce sont toujours ces maudits passeports; mais j'ai trouvé, chemin faisant, un excellent moyen d'y suppléer : c'est de revêtir sur-le-champ le costume de notre future profession. Ensuite nous louerons une berline de voyage, et nous marcherons à petites journées : cela inspire de la confiance; et d'ailleurs les gendarmes se croiraient damnés si un missionnaire les regardait de travers.

Paris est un pays merveilleux, où il se fait plus de miracles en un jour qu'en dix ans dans toute la chétienté. L'honnête fripier dont nous avons déjà parlé fit donc en un clin d'œil, et sans la moindre peine, de nos échappés de prison, deux révérends Pères, deux saints personnages, deux vénérables apôtres, et cela à l'aide seulement de chapeaux cornus et de larges houpelandes noires. Quoiqu'en dise le proverbe, c'est l'habit qui fait le moine, et l'étoffe manque plus souvent à l'homme que l'homme à l'étoffe.

VIII.

VIII.

La berline. — La confession.

Avant midi, une berline roulait, emportant Adrien et Simon, l'estomac lesté d'un bon déjeuner, la bourse assez bien garnie, les mains jointes dévotement, et le cœur à l'espoir.

— Ma foi, disait Simon, je crois vraiment le parti fort convenable. Grâce à Dieu, je sais encore de latin autant qu'il en faut pour cela...... Oh! quel plaisir de faire trembler cette tourbe imbécille, de la rançonner au nom de Dieu en la menaçant de l'enfer!... Oh! oui, je le sens, c'est comme cela que Simon devait finir!... Ah ça! mon ami, il ne faudra pas être trop franc près des bons Pères; car, bien qu'ils aient grand besoin d'indulgence, ces gens-là, je le sais, ne sont guère indulgens; vous leur parlerez de moi comme d'un homme qui, long-temps

battu par les tempêtes politiques, se
jette dans les bras du catholicisme
comme en un port où il espère trouver
le repos et mourir en paix. Vantez mes
connaissances étendues, mon éduca-
tion, mon éloquence, et je tâcherai
que vos louanges ne soient pas men-
teuses. Au reste, si, pour convertir les
hommes, il faut bien les connaître, nul
n'est plus propre que moi au métier
de convertisseur.

— Ce ne sont-là, mon cher monsieur, que des considérations secon-
daires, répondit Adrien; ce sont les
femmes seulement qu'il s'agit d'endoc-
triner; on les laisse faire ensuite, et
tout va le mieux du monde : être in-

dulgent envers les femmes, sévère envers les hommes, c'est tout le secret du métier.

— Vous avez raison, pardieu!.. mais il fait une chaleur de tous les diables, et nous avons dans la caisse d'excellent bordeaux.... à votre santé! vogue la galère et vivent les missions!...

Puis les bouteilles se vidaient, le cocher jurait, et les chévaux trottaient, tant et si bien qu'un peu avant la fin du jour nos voyageurs arrivèrent à Brai-sur-Seine. Ils se firent conduire à la meilleure auberge de cette petite ville, et mirent pied à terre, en donnant force bénédictions aux bonnes gens de l'endroit attroupés autour de la voiture ; car, à Brai, l'arrivée d'une berline est un événement au moins aussi remarquable qu'une éclipse de lune, et il y a plus de curieux que d'astronomes.

— C'est des évêques, disaient les uns.... — Des archevêques, disaient les autres....

— Mes frères, dit Simon d'un ton grave, nous ne sommes que de pieux apôtres, d'humbles missionnaires ; notre profession est de répandre la parole divine : que le Seigneur soit avec vous !

— Mon cher collègue, dit tout bas

Adrien, cela est parfait; on dirait que vous n'avez fait autre chose de votre vie.

— Aussi, mon ami, répondit Simon, sur le même ton, aussi n'est-ce pas la première fois que je joue la comédie.

Pendant que l'on mettait les chevaux à l'écurie et que l'hôte mettait sa batterie de cuisine sens dessus dessous pour préparer un souper digne des saints personnages qu'il croyait capables d'appeler sur lui et les siens toutes les faveurs du ciel, pendant, dis-je, que tout cela se faisait, le bruit de l'arrivée des missionnaires se répandait dans toute la ville; au bout d'une heure, une foule immense se trouva réunie devant l'auberge du Lion-d'Or, et les cris de *vive la mission! vivent les missionnaires!* éclatèrent avec une espèce de fureur au moment même où Simon et Adrien se mettaient à table.

— Voici un début qui promet, dit Simon, et il faut convenir que les habitans de Brai sont de bien braves gens : comment diable, mon ami, votre révérend Père Cotinot n'a-t-il pas flairé cela ?.... Il est vrai que ces gens-ci me paraissent assez pauvres pour la plupart; mais c'est par les petits qu'on arrive aux grands et qu'on devient maître du tout.... N'est-ce pas que je comprends le métier?... Frère Adrien, à la santé de notre habit !

Cependant les acclamations déve-
naient de plus en plus bruyantes : les
mariniers beuglaient, les vignerons
hurlaient, les tonneliers faisaient la
basse-taille, et les vieilles femmes le
haut-dessus ; c'était un charivari épouvantable, un vacarme à faire fuir le
diable.

— Que le diable emporte les animaux! s'écria Simon entre le rôt et la
salade ; je ne sais à quoi il tient que
je ne leur jette nos bouteilles vides par
la figure pour modérer leur enthou-
siasme.

— Ce serait un mauvais moyen pour
les faire taire, dit Adrien ; j'en sais un
tout aussi praticable et plus sûr : ou-

vrez la fenêtre et faites un sermon ; je vous promets des merveilles.

Simon n'était pas homme à se le faire répéter ; la croisée fut ouverte ; il s'appuya avec dignité sur la barre de bois qui tenait lieu de balcon et dit :

— Je crois, sacré nom de..... hum ! hum !... je crois, mes chers enfans, que vous avez le diable au corps....

(Ici une sourde rumeur se fit entendre.)

Oui, mes frères, reprit Simon sans se déconcerter, oui, je le crois ; mais rassurez-vous, car c'est pour l'en faire sortir que je suis venu à vous et que vous venez à moi..... Il en sorti-

ra, mes chers frères, car, pour cela,
il suffit que je vous donne ma béné-
diction et que vous alliez vous coucher.... Eh bien! je vous la donne, et
plutôt deux fois qu'une.... *In nomine
patri*....

— Vivent les missionnaires!... Vive
la mission!... Vive la croix!....

— Que le diable leur torde le cou!
dit Simon en revenant vers la table;
j'aurais eu tant de plaisir à me griser
incognito!

— Gardez-vous en bien, reprit
Adrien, car je soupçonne que nous
n'en sommes pas encore quittes. Dans
toutes les affaires de ce genre, c'est la

canaille qui commence et qui finit;
mais l'intermède est ordinairement
rempli par les gens comme il faut, et
nous n'aurions pas si bon marché de
ceux-ci.

Ce qu'Adrien avait prévu arriva :
le clergé de Brai, composé d'un curé,
d'un vicaire et d'un sous-diacre, était
depuis long-temps en assez mauvaise
odeur auprès de son évêque, à cause
de quelques actes de tolérance, car on
dansait à Brai, et tous les morts étaient
enterrés sans scandale, soit qu'ils eussent ou non, avant que de partir pour
l'autre monde, confié à un prêtre les
frédaines qu'ils avaient faites en celui-
ci. Or donc, le clergé de Brai étant en

mauvaise odeur, l'occasion lui parut belle pour se réhabiliter. Ledit clergé décida à l'unanimité qu'il se rendrait en corps près des saints missionnaires, lesquels seraient par lui priés et suppliés de demeurer quelques jours à Brai, à celle fin que ladite ville fût sanctifiée par leur présence et édifiée par leurs discours.

Adrien et Simon entamaient le dessert lorsque l'aubergiste, tirant le pied gauche et ôtant son bonnet, annonça le clergé, qui entra presque immédiatement.

— Soyez les biens venus, mes frères, dit Simon, et que le Seigneur soit avec vous!... Vous voyez de pauvres apôtres qui, à l'exemple des disciples de notre divin Maître, mangent ce qu'ils trouvent.

— Diable ! murmura le vicaire; c'est aujourd'hui samedi, et ils ont trouvé un gigot dont ils n'ont laissé que le manche !

— C'est, ma foi, vrai, pensa Adrien; je n'y pensais plus.

—Nous venions donc vous supplier, reprit le curé, de vouloir bien honorer le chœur de votre présence, et accepter la première place pour la cérémonie de ce grand jour.

— Je suis désespéré, mes chers frères, de ne pouvoir jouir de l'honneur que vous voulez bien nous faire ; mais la nécessité....

— Vous n'y pensez pas, révérend Père; dimanche, fête de l'Assomption, procession du vœu de Louis XIII... Je suis bien sûr que vous ne voudriez pas voyager pendant un jour comme celui-là...

— Non, c'est le chat! murmura le vicaire; des gaillards qui mangent un gigot le samedi, et qui n'en laissent qui le manche !...

— Le diable m'emporte si je sais ce qu'ils veulent, dit tout bas Simon en s'approchant d'Adrien. Allons, mon ami, la main à la pâte, et tirez-nous de là.

— Mes chers frères, dit Adrien, bien que nous soyons munis des dispenses nécessaires pour que le dimanche ne nous arrête pas, nous sommes trop sensibles à votre démarche pour y répondre par un refus, et nous nous ferons un véritable plaisir d'assister à votre procession... La miséricorde de Dieu est grande...

—Et ses vignes aussi, reprit Simon; c'est pourquoi il est permis au voyageur d'y faire une excursion, car il est écrit : Le voulez-vous rouge ou blanc, mes frères?... Car il est écrit : Tu donneras à manger à celui qui a soif, et à boire à celui qui a faim... Monsieur le curé, je vous le garantis véritable macon...

Les verres s'emplirent ; le clergé de
Brai fit raison aux apôtres sans trop
se faire prier, et le vicaire fut si sen-
sible à la politesse qu'il oublia le ma-
lencontreux gigot dont le manche l'a-
vait si fort scandalisé.

—Il faut convenir, disait le curé en
se retirant, que ces damnés de libé-
raux ont véritablement le diable au
corps quand ils crient si fort contre
les missionnaires, qui sont de si bons
vivans... Voici une démarche qui aura
d'heureux résultats. Dès le point du
jour, je mets des émissaires en campagne ; je veux qu'on sache de bonne
heure la nouvelle dans tous les châ-
teaux des environs ; l'église sera pleine

de gens comme il faut, et la quête sera bonne.

Et tandis que le clergé de Brai se réjouissait, nos deux apôtres riaient à perdre respiration.

— Pardieu! disait Simon, je suis un grand sot d'avoir attendu si tard pour me lancer dans une si belle carrière!.. Holà!... du vin!... Demain nous rirons comme des fous : il est si bon de rire, et j'ai si peu ri dans ma vie!....

Cette dernière réflexion en amena quelques autres assez tristes ; la physionomie de Simon se rembrunit. Adrien s'en aperçut, et craignant quelque écart dont les suites pouvaient

être graves, il engagea son compagnon
à s'aller mettre au lit.

Cependant la renommée, représen-
tée par une douzaine d'enfans de chœur,
parcourait tous les villages des environs, annonçant l'arrivée dans la ville
de Brai de deux saints personnages,
lesquels s'étaient engagés à assister
aux cérémonies religieuses du lendemain. Il n'en fallut pas davantage pour
mettre en émoi toutes les jeunes filles
et toutes les douairières : on s'amuse
tant dans un château que la plus petite distraction est une véritable bonne
fortune. Et puis la politique vint à s'en
mêler : l'arrondissement de Brai ne
passait pas pour être éminemment

monarchique; de tout temps le trône
et l'autel avaient été dans ce pays con-
sidérés comme choses peu importan-
tes; il s'agissait de frapper un coup dé-
cisif, de donner un grand exemple, et
toutes les hautes et puissantes dames
jurèrent sur leur blason d'aller se confesser aux missionnaires.

Jamais la ville de Brai n'avait pré-
senté un spectacle si animé : dès le
matin les rues étaient encombrées de
calèches, de berlines, de demi-fortu-
nes; on se battait pour entrer dans l'é-
glise, on se disputait les places, on
s'arrachait les chaises : on étouffait
dans le chœur, on jurait dans la nef, on
se tuait dans les chapelles; les clo-

ches sonnaient depuis le point du jour;
la Sainte-Vierge avait une robe neuve,
on avait lavé la jaquette de l'Enfant
Jésus, et les cierges de ferblanc étaient
garnis de chandelles des huit.... c'était
un coup-d'œil ravissant. Jusqu'à quatre heures de l'après-midi tout alla le
mieux du monde; la procession fut su-
perbe; la quête dépassa de beaucoup
les espérances du curé : la mane du
Seigneur pleuvait sur ses élus. Tout paraissait fini; nos deux apôtres se disposaient à sortir de l'église, lorsque le
bedeau vint leur annoncer qu'un certain nombre de grandes dames les sup-
pliaient de vouloir bien les confesser.
Adrien, accoutumé à ces sortes de choses, ne parut pas surpris; mais Simon

faillit éclater de rire, et, malgré les signes d'intelligence que lui faisait son
compagnon, il avait toutes les peines
du monde à se retenir.

— Mais, mon cher ami, dit-il bien
bas à Adrien, comment diable voulez-vous que je me tire de là? je vais
entendre des choses capables de déso-
piler la rate d'un trapiste; bien certainement je n'y pourrai tenir.

— Vous vous cacherez le visage
dans votre mouchoir.

— Mais il faudra parler à toutes ces
rouées...

—Contentez-vous de leur donner l'absolution; il est trop tard pour reculer

Tâchons de sauver les apparences, et partons demain au point du jour, car tout cela pourrait nous jouer quelque mauvais tour.

En ce moment le bedeau mit l'arme au bras, c'est-à-dire qu'il appuya sa baleine au défaut de l'épaule droite, ce qui signifiait qu'il était prêt à conduire les saints apôtres au tribunal de la pénitence. Simon prit son parti assez bravement, marcha d'un pas grave, entra dans le confessionnal, se recueillit un instant, et, tirant le guichet de droite, il se disposa à écouter celle des pénitentes qui la première avait pris place. Il faisait grand jour; un rayon de soleil pénétrant à travers les vitraux, éclairait le visage de cette femme. Simon la regarde d'abord avec une émotion dont il ne peut se rendre compte, puis il croit la reconnaître ; enfin la voix de cette femme frappe son oreille, il n'en peut plus douter : c'est elle !... c'est la comtesse de Saint-Alvar !... C'est cette femme qui a causé tous ses maux, cette femme qu'il a tant aimée, qu'il aime tant encore !.... Simon pâlit, il se sent défaillir ; la comtesse parle, il ne l'entend plus.

Déjà depuis quelques instans elle avait cessé de parler, et Simon n'avait pas recouvré l'usage de la parole.

— Mon père, mon père ! dit-elle avec effroi, me trouvez-vous indigne de l'absolution?.... Au nom de Dieu! ne me laissez pas plus long-temps dans cette affreuse incertitude !

— Vous né m'avez pas tout confessé, ma fille, dit Simon d'une voix étouffée et en se faisant violence.

— Il est vrai, mon père; mais je n'ai pas eu le temps de me préparer à une confession générale.

— Vous repentez-vous de tout le mal que vous avez fait?

— Oh! de tout mon cœur!

— Ainsi vous détestez le misérable orgueil qui a pu vous empêcher d'obéir aux élans de votre cœur?

— Mon père... je ne comprends pas.

— Vous regrettez sans doute d'avoir fait le malheur d'un homme qui vous aimait, qui se sentait digne de vous, et qui, pour vous le prouver, eût, sans hésiter, fait le sacrifice de sa vie?

— Grand Dieu! quel langage!

—Eh bien! cet homme dont vous avez empoisonné la vie, cet homme dans le cœur duquel plus de trente années n'ont pu éteindre l'amour que vous y avez allumé, cet homme..... c'est moi!....... Tenez, reconnaissez-vous ce bonnet? ce talisman qui sauva vos jours, et que, plus tard, je baignai de mon sang? La couleur en est flétrie, peut-être le trouverez-vous hideux.... Et pourtant je ne le donnerais pas pour l'empire du monde! Depuis trente ans, il est mon unique ami; je lui parle, je l'écoute; il me console, il m'aide à supporter la vie, cette vie que vous pouviez rendre si douce!...

Il parlait encore, et déjà la comtesse n'était plus près de lui : saisie d'effroi, elle s'était élancée hors du confessionnal.

—. Au secours! au secours! criait-elle. Grand Dieu! l'assassin de mon frère!... un horrible jacobin!.... quelle épouvantable profanation! au secours! arrêtez le scélérat!...

Ces cris font retentir l'église, et jettent l'épouvante parmi les pénitentes, qui comme un troupeau que menace le loup, cherchent leur salut dans la fuite. En un instant, l'alarme se répand dans les environs; la garde nationale prend les armes, et tandis que l'épicier cherche son fusil, que le tailleur dégaîne son sabre, le sapeur accroche sa barbe, la gendarmerie arrive, s'informe de ce qui se passe, entend les plaintes de la comtesse, et empoigne le saint missionnaire Simon, qui, son bonnet rouge à la main, s'était réfugié dans le clocher.

Et ce jour-là, s'il n'y eût pas de scandale à Landernau, il y en eut terriblement à Bray-sur-Seine.Cependant comme tout doit finir ici-bas, lés femmes finirent par se taire, le curé se consola en comptant la recette des quêteuses, et les bons gendarmes, enchantés d'avoir fait une capture si importante, se hâtèrent de l'expédier pour Paris. Quant à Adrien, à la première alerte il avait prudemment pris le large, et il arriva sain et sauf auprès du révérend Père Cotinot, qui lui pardonna son escapade et lui donna la tonsure.

— C'est dommage, se disait Simon en roulant vers Paris; car il me semble que c'était-là le commencement de la fin, et elle pouvait valoir beaucoup mieux que la fin du commencement...

Bah! qu'importe après tout comment je finirai, pourvu que je finisse en temps utile?.... J'ai plus de cinquante ans; mon énergie s'use, et le monde ne devient pas meilleur; il ne serait pas mal de changer de tonneau, pour éviter la lie.

ÉPILOGUE.

EPILOGUE.

Au mois de mars 1830, un forçat
venait de mourir à l'hôpital de Brest ;
deux robustes infirmiers se disposaient
à l'ensevelir dans une toile à voile, et
comme il leur semblait inutile de faire
double emploi, ils s'efforçaient de lui

ôter sa chemise; mais l'un des bras du mort, fortement contracté et appuyé sur sa poitrine, rendait cette opération difficile.

— Est-il entêté, ce vieux cheval-là! dit l'un; on lui casserait plûtôt les os..

Et ce fut en effet le parti qu'il prit.

— Tiens! qu'est-ce qu'il cache donc là?... quéque boursicot?... Allons, mon ancien, t'as pas besoin d'ça pour aller pourrir; on n' paye pas sa place là-bas. Ah! c'te farce! c'est un bonnet..... v'là une belle trouvaille!....

Ce bonnet, c'était celui de Simon; le forçat mort, c'était Simon lui-même....

Et maintenant Adrien est l'aumô-
nier d'une princesse, Cloquet est don-
neur d'eau bénite dans une des égli-
ses de Paris, et la comtesse est dame
de charité.

POST-FACE.

POST-FACE.

———

Vivre long-temps, bien vivre, c'est là votre but à tous, pauvres humains ! vivre toujours, c'est le rêve de quelques-uns, et ceux-là, dont la condition est d'émigrer plus tôt ou plus tard, parce qu'ils possèdent, laisseront-ils après eux moins

de mal que le dernier de nous, humble
et chétif prolétaire ?

Simon, le voleur philosophe, a parti-
cipé de l'une et de l'autre de ces catégo-
ries. Pauvre, il a voulu le mal, parce
qu'il a été amené, tout enfant, à se con-
vaincre que l'homme riche en quelque
sorte de droit divin était la cause première de sa pauvreté : de là sa haine pour
l'humaine espèce, son penchant à la
cruauté; de là son mépris du droit de
propriété, son génie déprédateur.

Dépouiller pour répandre, posséder
pour dissiper et reprendre, telle était la

fin qu'il se proposait : que lui importaient les moyens ?

Or, bonnes gens qui avez du temps à perdre et lisez les élécubrations des romanciers modernes, mon *Bonnet rouge* vous semble-t-il maintenant si hideux que vous l'aviez imaginé sur le titre, et n'êtes-vous pas tentés de passer quelques petites choses au radical Simon ?

Il a volé long-temps, souvent, presque toujours ; oui, sans doute, et c'est mal à lui d'avoir si loin poussé le cynisme que de s'être tant de fois laissé prendre. Je suis bien sûr, qui que vous soyez, ami lecteur, que vous avez été plus adroit ou plus heureux que lui ; que, si vous n'avez souvent failli, c'est que, plus méticuleux que Simon, vous avez vu la peine à côté du péché, ou que vous vous êtes contenté à de ces petits larcins qu'une autre loi protège.

Oui, mademoiselle, oui, vous que je vois la bouche ouverte pour lancer une imprécation à l'auteur qui, non content de montrer à nu le cœur d'un homme que vous regardez comme le fléau de la société, vient, plus audacieux encore, vous prouver que dans le monde où vous vivez, pas un, pas un, vous dis-je, n'est meilleur que lui; oui, ma toute belle, vous dont on vanté la douceur angélique, vous avez, plus d'une fois en votre vie, facilité ou provoqué des fautes semblables à celles qui ont fait mettre Simon au banc de la société.

Est-il entré, dans ce cœur dont on préconise les vertus, moins de fiel que dans celui de tel homme aux pensées audacieuses, à la logique incendiaire? n'avez-vous jamais, écoutant un caprice, vous laissant aller à l'amour de la parure, qui toujours vous subjugue, accepté du vieil-

lard flétri dont la voiture s'arrête à votre porte, des présens qui lui ont coûté
si peu, et qu'il n'a pu vous offrir qu'a-
près avoir ruiné dix familles? avez-vous
toujours calculé la conséquence de votre
froideur, de vos refus envers ce jeune
et candide commis, si pur aujourd'hui,
et qui, pour vous plaire, sera criminel
demain?

La loi punit la provocation!... La loi!
pitié!

L'homme à la voiture sera six jours
heureux près de vous; vous aurez, vous,
de ses libéralités, des chiffons pour six

mois; mais le jeune commis qui vous eût volontiers sacrifié sa vie, vous avez, en un instant, détruit son avenir; ses devoirs, que naguère il remplissait avec zèle, ont cessé de lui plaire, et bientôt l'oisiveté d'abord, l'ennui ensuite, et enfin le besoin, en feront un disciple de Simon.

Et vous, riches, malheur à vous si je viens à déchirer le dernier coin du voile que vous retenez si fort! La lourde frange d'or dont vous prenez tant de soin de le charger bientôt l'attirera jusqu'à terre, et vous serez à nu. Alors vous serez jugés selon vos œuvres... En ce temps-là, direz-vous, il y aura des signes dans le soleil et dans la lune... En ce temps-là, peut-être, il y aura des signes d'alliance entre tous les hommes, et plus de ces demi rapprochemens qui font que, sur le globe, il y ait des milliers de subdivisions de notre espèce.

Vous tous qui avez horreur de Simon le voleur, de Simon l'apologiste du vol, de Simon qui a eu le malheur de voir le monde comme il est, rendez-lui grâce!... Infâmes qui vous faites ses accusateurs, vous n'êtes que ses égaux ; car vous volez dans vos somptueux magasins, dans vos cabinets, dans vos salons, dans vos études, dans vos temples, dans vos palais; et moi aussi, dans mon modeste réduit d'auteur, je vole peut-être mon libraire, qui a volé celui qui vous mit mon livre à la main.

Nous sommes tous ainsi faits; un mot est le fond de toutes choses, et le but de chacun *vivre!* Cela justifie tout, quoiqu'en disent les vertueux ou ceux qui s'efforcent de le paraître. Nous ne sommes ni plus ni moins coupables; nous sommes plus ou moins heureux.

Simon a couru des dangers d'autant

plus grands qu'il avait plus de conviction:
la grande route est un chemin plus glis-
sant qu'un comptoir; il y appelait la té-
mérité à son aide, son courage était son
arme la plus puissante; la ruse de l'homme
de comptoir lui tient lieu d'audace; il n'y
a entre eux deux que la différence ré-
sultant de la position sociale.

Quel abus on fait des mots parmi nous!
Une position sociale! Qu'est-ce, à votre
avis, que la société? C'est la réunion, l'ag-
glomération d'un nombre d'individus ayant
les mêmes passions, les mêmes besoins, et
marchant au même but par des routes

diverses, et souffrant tous pour y arriver.

Or, bonnes gens, vous prétendez
que vous ne souffrez pas:c'est trop absolu;
vous souffrez comme moi, un peu moins
peut-être, mais vous souffrez, car il y a
par le monde une race maudite qui met
les mains dans vos poches; et vous force,
en quelque sorte, à mettre les vôtres dans
les poches de vos voisins.

Après tout, si je vous ai produit un
être avec des vices, des vertus, des dif-
formités de toute espèce, je ne le donne
à personne pour modèle : laissez passer
la justice du romancier.

— Mais ce n'est pas la première fois que cela vous arrive...

—Eh! vraiment, non; probablement ce ne sera pas non plus la dernière, car il ne s'agit pas seulement ici de frapper juste et fort, il faut encore frapper long-temps, il faut découvrir entièrement la plaie pour pouvoir aviser aux moyens de la guérir; mais ce n'est pas là une cure que l'on puisse faire en un instant : de-mandez-en des nouvelles aux moralistes et aux philantropes.....

Moraliste, philantrope, voici encore

de grands mots qui disent bien peu de chose ! **Où** sont donc ces moralistes tant vantés ? que font-ils, qu'ont-ils fait ?... voulez-vous le savoir ? ils sont dans leur cabinet, les honnêtes gens que le ciel protège ! et là, les pieds chauds, le cerveau légèrement stimulé par quelque breuvage délicieux, ils fabriquent de fort belles phrases qu'ils vendent très-cher à nos seigneurs les libraires, autre espèce de philantropes, dont je ne veux pas vous parler longuement, ayant, pour en agir ainsi, les meilleures raisons du monde.

Or, ces grands moralistes dont je vous parlais tout à l'heure ne sont pas gens à hanter les chaumières et les greniers, à interroger les voleurs et les forçats : fi donc ! ils savent qu'il y a sur cette terre des voleurs et des forçats, comme nous savons qu'il y a dans l'espace des planètes et des étoiles; ils le savent, parce qu'on le leur a dit, et que, une fois dans leur vie, peut-être, ils en ont vu quelques-uns de bien loin. Aussi, voyez comme ils en raisonnent! que de belles choses, que de fleurs de rhétorique les unes sur les autres!... Vrai Dieu! messieurs les voleurs, il faut que vous ayez le crime incarné pour ne pas revenir à bien, ne pas sentir combien la profession de philan-

trope est préférable à celle de voleur,
quoique, au fond, elle en diffère peu.....
Malheureusement, vous ne lisez pas les
ouvrages des moralistes, et c'est peut-être
un peu pour cela que ces derniers vous
en veulent tant : eux et vous ne vivez en
mauvaise intelligence que parce que vous
ne vous connaissez pas assez.....

Eh! grands phraseurs, payés ou non
par l'Institut, engraissés ou non par l'U-
niversité, mais d'une manière ou d'une
autre mordant à pleines dents et à larges mâchoires dans le budget qui affame
tant de pauvres diables, pour quelques

instans, de grâce, mettez la bouchée un peu moins forte, dressez les oreilles à l'intention des malheureux qui vivent si mal et qui vous font vivre si bien; pour quelques instans, quittez vos appartemens si bien clos, si doucement chauffés; secouez cette poussière scolastique qui obscurcit votre pauvre intelligence, et venez étudier les mœurs, les lois dans les Cours d'assises et dans les tribunaux correctionnels. Avant de parler des plaies de la société, venez explorer la profondeur de ces plaies, et afin d'y trouver un remède commencez par en connaître la cause.

Silence! l'audience est ouverte.

LE PRÉSIDENT, *au prévenu.*

Pourquoi avez-vous volé une paire de souliers?

LE PRÉVENU.

Parce que je mourais de faim et que je voulais vivre : le pain de la prison n'est pas bon, mais il empêche de mourir.

LE PRÉSIDENT.

Vous saviez donc quelle peine entraînait ce délit?

LE PRÉVENU.

Tâchons de nous entendre : ce que

vous appelez peine, je l'appelle faveur, récompense : honnête homme, je mourais de faim; depuis que j'ai volé, on me nourrit.

LE PRÉSIDENT.

Il est possible que le tribunal prenne en considération votre extrême misère; mais....

LE PRÉVENU.

Oh! mon Dieu! je ne lui demande qu'une chose au tribunal, c'est de m'appliquer le maximum, *cinq ans;* pendant cinq ans je pourrai manger...

VIII.

VIII.

Le début.

Plus que jamais Simon, maintenant, était décidé à ne pas quitter ses nouveaux compagnons; il pensait aux six d'entre eux tués récemment dans une seule expédition, et cette considération, loin de l'effrayer, lui plaisait ; une fin prochaine était ce qu'il désirait le plus vivement, et quoiqu'il fût loin de manquer de courage, il ne se sentait cependant pas la résolution nécessaire pour avoir recours au suicide.

— Je boirai la coupe jusqu'à la lie, se disait-il, et je m'arrangerai de manière à ce qu'elle soit bientôt vide. Il accueillit donc parfaitement la proposition de César, lorsque celui-ci, lui ayant rappelé qu'il devait débuter sous ses auspices, lui proposa de se rendre à Paris immédiatement pour le seconder dans un coup de main dont il espérait d'heureux résultats, c'est-à-dire un butin assez considérable.

— Nous avons pour une heure de chemin, dit le capitaine; nous arriverons un peu après la fin du jour, et, d'après la connaissance que j'ai des lieux, c'est, je crois, le moment le plus favorable.

— La chose ne doit donc pas se passer sur la voie publique?.... Il est vrai que cela m'importe peu; j'irais en enfer, s'il y en avait un et que vous voulussiez m'y conduire.

— C'est dans un paradis, au contraire, que nous allons pénétrer, mon camarade. Figurez-vous une petite maison charmante et isolée, bien qu'au centre de Paris; on n'a achevé de la meubler que depuis deux jours, et

rien n'a été épargné pour en faire un
lieu de délices. Ce temple est habité
par une déesse dont la beauté est vraiment éblouissante, et qui vend bien
certainement ses faveurs fort cher à
l'heureux mortel qui vient chaque soir
l'adorer, car c'est une espèce de rus-
tre fort mal appris qui n'entrerait point
s'il n'était précédé d'une pluie d'or.

— C'est-à-dire, répondit Simon,
que nous en sommes déjà revenus aux
mœurs de l'ancien régime? Des petites
maisons, de riches financiers... Est-ce
assez de honte et d'infamie!....

— Oh! ne moralisons pas, s'il vous
plaît, mon camarade; car la morale,
à mon sens, est la chose la plus ridi-

cule; la plus inepte.... et sacredieu!
ce n'est pas pour moraliser qu'on se
fait voleur de grand chemin.

— Vous avez raison, César; tout est
détestable ici-bas; tout, même les choses qui paraissent belles et saintes au
premier aspect; l'espèce humaine est
un assemblage de contrastes qui ne
peut produire que le dégoût.

Simon, comme toujours, était en
verve de philosopher; mais il s'aperçut bientôt que César ne l'écoutait pas,
et comme tout orateur se fatigue promptement de parler dans le désert, il se
tut. Tous deux marchèrent silencieuse-
ment, franchirent la barrière d'Enfer,

et arrivèrent bientôt près du Luxembourg.

— Ne pourrions-nous pas nous éviter d'entrer dans ce lieu? dit Simon en voyant que César se dirigeait vers l'une des grilles du jardin.

— Impossible, mon camarade.

— Tâchons au moins de le traverser promptement, car il y a beaucoup de monde.

— Soyez tranquille; nous n'aurons pas besoin de le traverser pour arriver à notre destination.

— Quoi! c'est dans le palais du Luxembourg que nous devons nous introduire?

— Silence! il y a autour de nous trente personnes qui pourraient nous entendre, et il n'en faudrait qu'une pour nous faire échouer.

Simon se tut sans peine; car, à tout prendre, il lui importait fort peu de pénétrer dans un palais ou dans une chaumière. Ils marchèrent en silence pendant quelques minutes, et comme déjà la nuit était venue et que les promeneurs se retiraient en grand nombre, César conduisit son compagnon dans la partie ouest du jardin, et s'arrêta devant une petite grille qui ouvrait sur le jardin particulier d'une maison voisine; puis, après s'être assuré que personne ne pouvait les examiner ou les entendre, il dit :

— C'est ici, camarade, c'est dans cette jolie petite maison qu'il s'agit de faire notre entrée sans en demander la permission à personne.

— Vous avez donc la clé ?

— J'en ai dix au lieu d'une ; mais quand je n'en aurais pas, cela ne devrait pas nous arrêter ; une muraille de vingt pieds à escalader, belle misère !

Cette misère était cependant de nature à embarrasser beaucoup Simon ; mais il n'eut pas à s'occuper de cette difficulté ; car à peine César eût-il prononcé ces dernières paroles, qu'il fit jouer la serrure, et que la porte s'ouvrit, comme par enchantement. Ils entrèrent avec précaution; les autres portes furent ouvertes aussi facilement que la première, et en quelques seconds ils pénétrèrent jusque dans l'une des pièces du premier étage.

— Halte, dit César à voix basse; j'aperçois de la lumière dans la pièce voisine, et je crois entendre parler; écoutons.

Ils approchèrent de la porte qui communiquait à la pièce qu'indiquait César; mais ils n'eurent pas besoin de mettre l'oreille sur le trou de la serrure, car on parlait haut de l'autre côté.

— Ne vous ai-je pas tout accordé?
disait une voix de femme dont le tim-
bre fit tressaillir le cœur de Simon :
que désirez-vous de plus?

— Allons, allons, ma p'tite mère,
dit une autre voix que Simon reconnut
aussi parfaitement; n' vous faites pas
d' mal pour ça..... J' veux que l' diable
m'emporte si j'ai r'gret au marché;
mais avoir des vapeurs tous les jours,
vous conviendrez que c'est bo....ment
embêtant..... Eh! nom de dieu! s'il n'
faut qu' vous épouser pour faire passer ça, n' vous gênez pas : est-ce que
j' peux vous r'fuser quéque chose?......
Passons seulement la nuit comme une
paire d'amis.... ça n' sera jamais qu' la

troisième, et d'main matin j' vous con-
duis d'vant l' municipal... Allons donc;
ça s'ra une affaire bâclée avant midi.

— Sur mon âme, s'écria Simon, l'a-
venture est prodigieuse!

Et d'un coup de pied faisant voler
la porte en éclats, il pénétra dans la
chambre à coucher de Mme de Saint-
Alvar avant que César ait eu le temps
de lui faire une observation.

— C'est toi, cadet! s'écria Jacques
Cloquet un peu étourdi par cette brus-
que apparition; est-ce que tu tombes
du ciel?

— Silence! dit Simon en tirant ses
pistolets de sa ceinture. Si vous appe-

lez quelqu'un , si vous faites, l'un ou l'autre, un mouvement suspect, je vous brûle la cervelle sans plus de cérémonie..... Tu sais, Jacques, que je suis homme à tenir parole.

— Ah ça! est-ce que tu es devenu enragé depuis notre dernière rencontre?

— Je suis devenu voleur.

— Voleur ! s'écria la comtesse.

— Oui, madame, comme vous êtes devenue catin.

Puis, se tournant vers Cloquet, il ajouta :

— Voici votre maître...

Et montrant César qui entrait :

— Voici le mien.... Et maintenant, madame, pensez-vous que nous soyons égaux?

Mme de Saint-Alvar fit semblant de s'évanouir, et Cloquet avait grande envie de se fâcher, mais les pistolets de Simon l'obligeaient à se contenir.

— Allons, César, dit ce dernier, tâchons de faire notre métier aussi bien que madame a fait le sien, afin qu'elle n'ait rien à nous reprocher.

Le capitaine ne se le fit pas répéter; en un instant les meubles furent forcés, les bijoux et l'argent enlevés.

— Diable! Cloquet, dit encore Simon, il paraît que tu as bien fait les choses, mon garçon, et je t'en félicite, bien que tu eusses pu te procurer pour un écu ce que tu as payé si cher.

— Mais, sacré mille guillotines! c'est moi que tu voles, cadet!

— Comme tu as volé la république, mon ami.

— Mais tu joues-là un jeu à te faire f..... aux galères.

— Si cela m'arrive, je t'y retrouverai probablement; mais maintenant je ne saurais me résoudre à abandonner une profession dans laquelle je viens de débuter avec tant de bonheur.

Et comme, pendant ce colloque,

César avait achevé de faire les paquets, ils partirent, laissant Cloquet et sa maîtresse dans la situation la plus étrange.

FIN DU TOME TROISIÈME.

TABLE

DU TOME TROISIEME.

—